动车组看图识配件丛书

U0851796

CRH1型动车组看图识配件

《CRH1型动车组看图识配件》编委会　编

中 国 铁 道 出 版 社
2 0 1 7 年·北 京

图书在版编目(CIP)数据

CRH1 型动车组看图识配件/《CRH1 型动车组看图识配件》编委会编. —北京:中国铁道出版社,2017.7
(动车组看图识配件丛书)
ISBN 978-7-113-23279-5

Ⅰ.①C… Ⅱ.①C… Ⅲ.①动车-配件-图解 Ⅳ.①U266-64

中国版本图书馆 CIP 数据核字(2017)第 144714 号

书　　名: 动车组看图识配件丛书
CRH1 型动车组看图识配件
作　　者:《CRH1 型动车组看图识配件》编委会　编

责任编辑:侯跃文　**编辑助理:**袁文东　**编辑部电话:**(010)51873421　**电子信箱:**tdpress@126.com
封面设计:郑春鹏　**责任校对:**胡明锋　**责任印制:**高春晓

出版发行:中国铁道出版社(100054,北京市西城区右安门西街 8 号)
网　　址:http://www.tdpress.com
印　　刷:中煤(北京)印务有限公司
版　　次:2017 年 7 月第 1 版　2017 年 7 月第 1 次印刷
开　　本:850 mm×1 168 mm　1/32　印张:2.25　字数:47 千
书　　号:ISBN 978-7-113-23279-5
定　　价:23.00 元

版权所有　侵权必究

凡购买铁道版图书,如有印制质量问题,请与本社读者服务部联系调换。电话:(010)51873174(发行部)
打击盗版举报电话:市电(010)51873659,路电(021)73659,传真(010)63549480

编 委 会

主　编：严　瑾　王　峰　侯　伟

编　委：刘士鹏　张子君　王　峰　王　警
赵　广　刘　崇　任贺新　张军芳
郝　明　张德昌

前　　言

随着我国高速铁路事业的快速发展,对动车组运用检修人员的数量与能力要求也在与日俱增。为进一步服务高速铁路新职人员、动车组转型人员的培训需求,编者对动车组运用检修过程中常见、常用的基础配件进行了统计梳理,根据配件位置分布将动车组配件按车顶部分、车内部分、车下部分三部分来划分,实景取图并规范配件表述名称,编撰形成《动车组看图识配件丛书》。本书为丛书之一的《CRH1 型动车组看图识配件》。

《动车组看图识配件丛书》共 7 册,分别介绍了 CRH1 型、CRH2 型、CRH3C 型、CRH5A 型、CRH380A(L)型、CRH380B(L)型、CRH380CL 型动车组的配件。本丛书可作为从事动车组运用检修相关的技术、管理人员培训用书,也可作为高速铁路相关专业人员和相关专业院校师生普及型学习用书。

编者

2017 年 5 月

CONTENTS
目录

A

CRH1型

动车组看图识配件

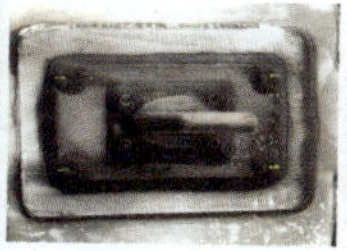

车顶部分

断路器

FM 天线

阻尼器

车端跨接线

受电弓

升弓气囊

受电弓上下臂

受电弓编导线

受电弓安装绝缘座

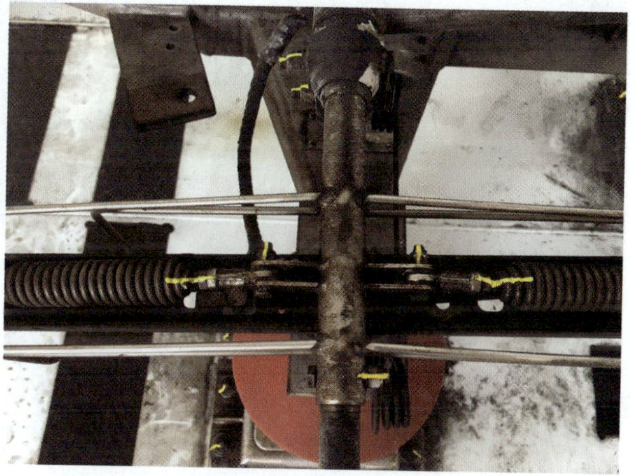

受电弓弓头

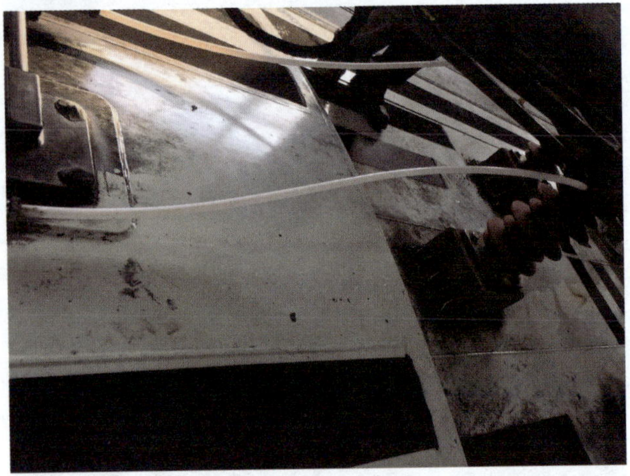

受电弓风管 1

受电弓风管 2

导流翼片 1

导流翼片 2

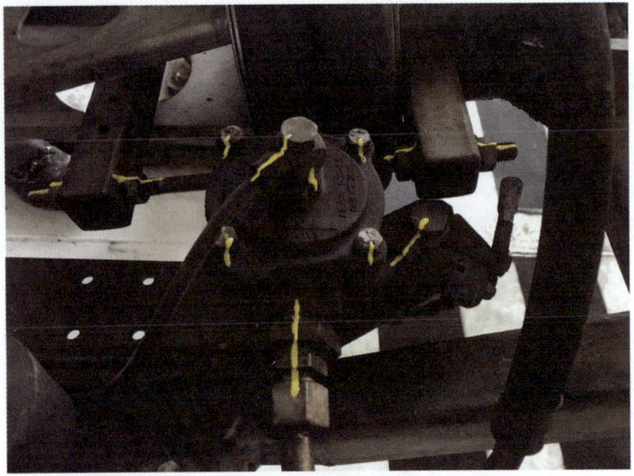

快速降弓阀

降弓缓冲器

碳滑板

电涌装置

车顶天线

无线接收器

电压互感器

电流互感器

羊角

闸刀接地装置

高压母线

高压绝缘子

B

CRH1型

动车组看图识配件

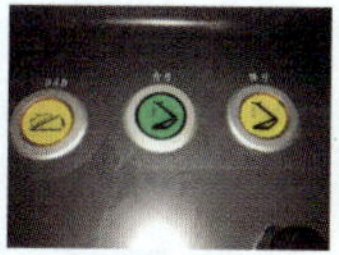

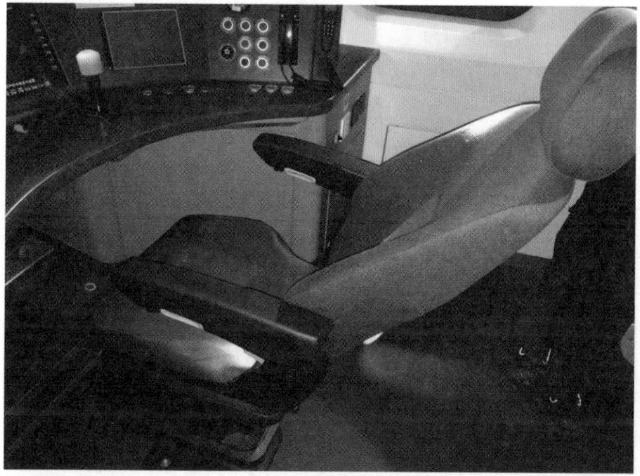

司机室座椅

司机室通信手持机

司机室风压表

司机操作台控制面板按钮 1

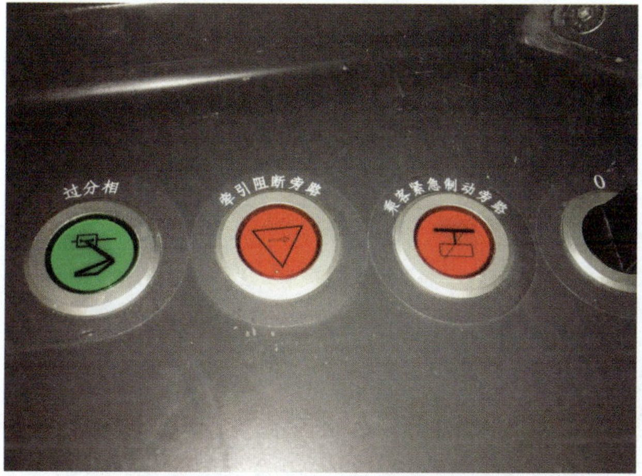

司机操作台控制面板按钮 2

司机操作台控制面板按钮 3

司机操作台控制面板按钮 4

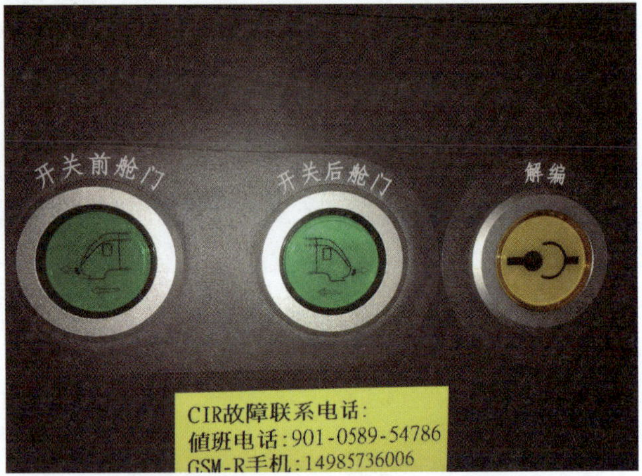

司机操作台控制面板按钮 5

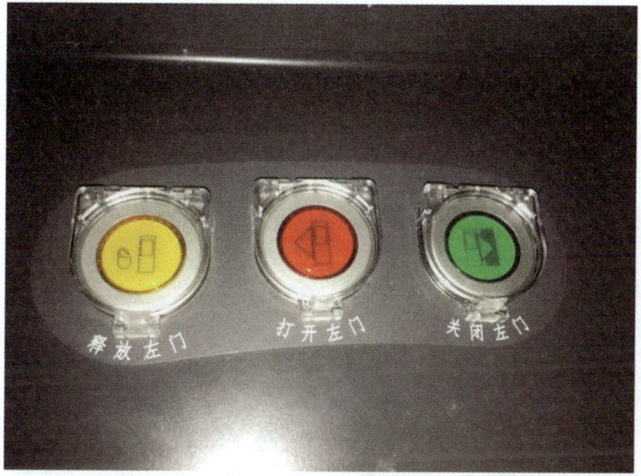

开关门按钮

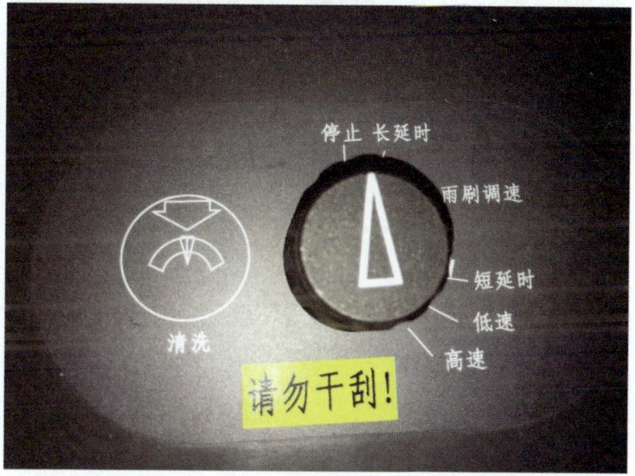

雨刮器按钮

主控手柄

主控钥匙插口

ATP

CIR 设备

IDU

火警报警控制器

电器柜断路器

电器柜旋钮开关

电器柜继电器

柜门锁

塞拉门(车内)

内部显示屏

大客室

大件行李架

一等座脚踏板

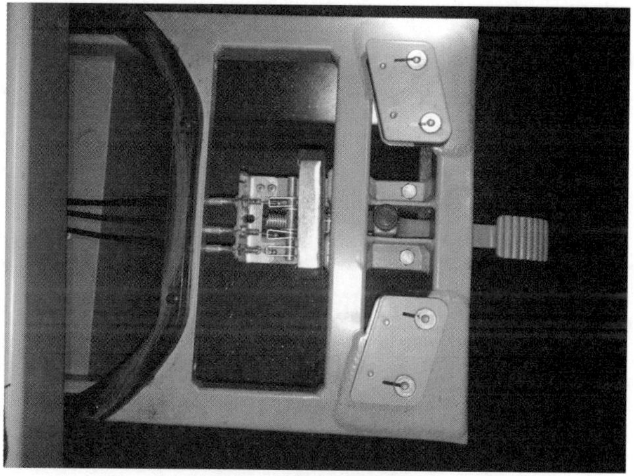

座椅调节脚踏

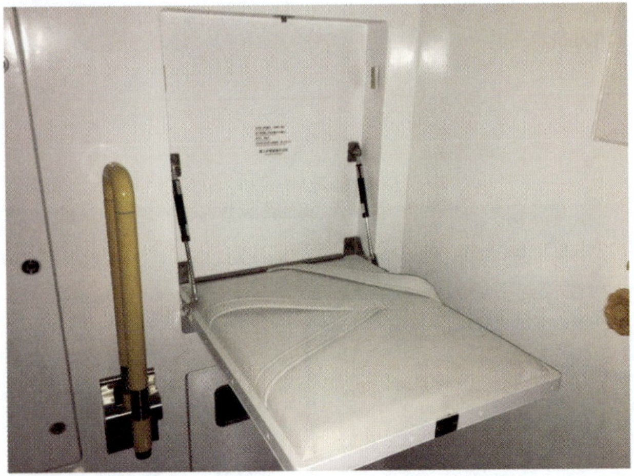

婴儿护理台

座椅衣帽钩

二等座座椅桌板 1（闭合）

二等座座椅桌板 2（打开）

书报兜

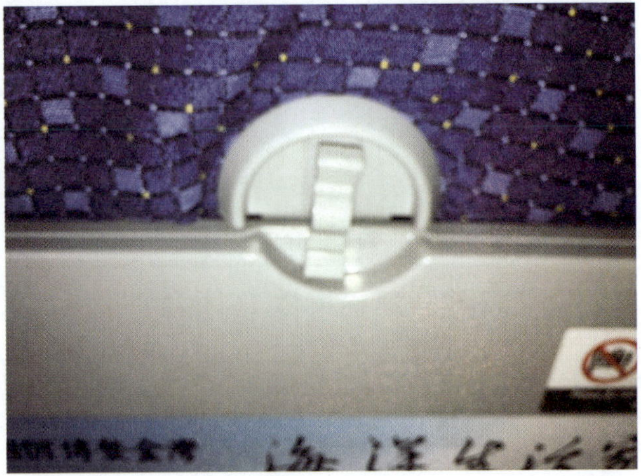

桌板卡扣

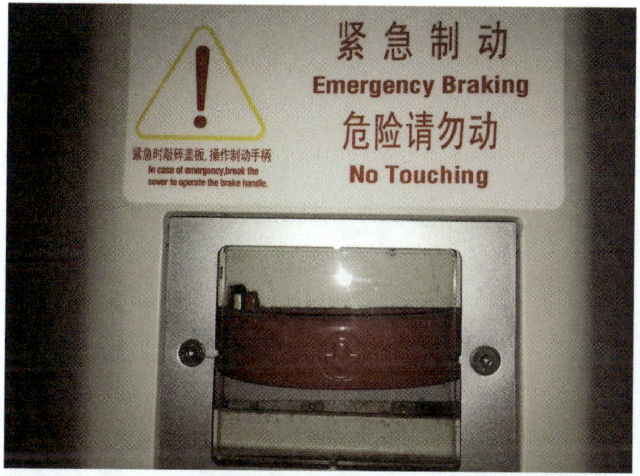

乘客紧急制动装置

乘客紧急通话单元

内部紧急开门装置

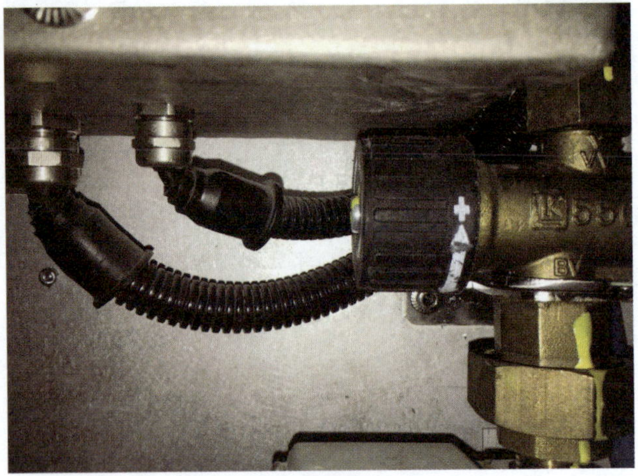

温水器调节阀

卫生间开关门按钮

厕所冲水按钮

车厢内门

C CRH1型 动车组看图识配件

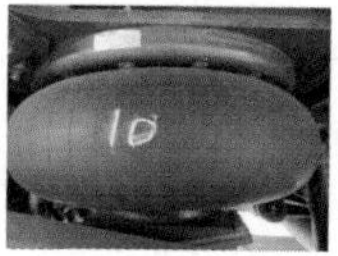

车下部分

开闭机构

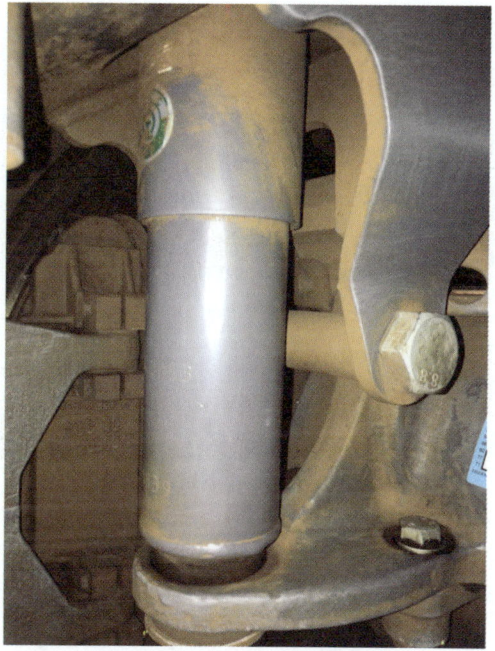

轴箱油压减振器

外部显示屏

车端外风挡

塞拉门(外部)

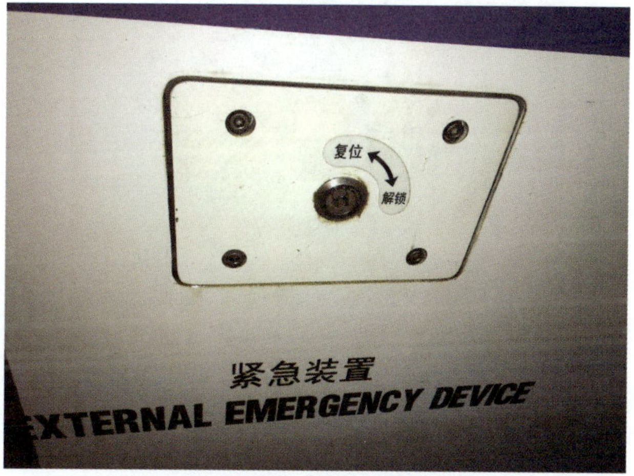

外部紧急开门装置

车端跨接线

半永久车钩

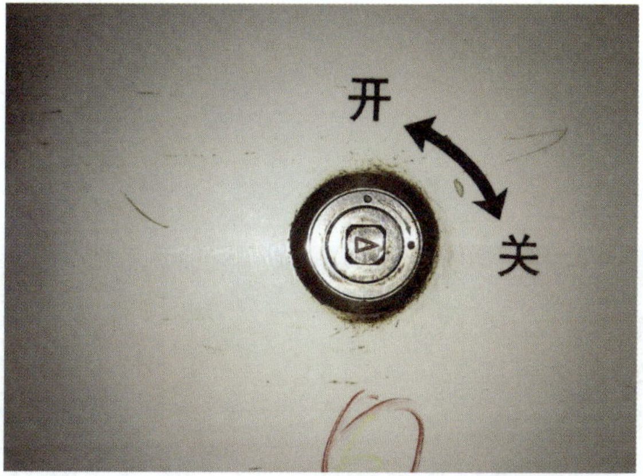

裙板锁

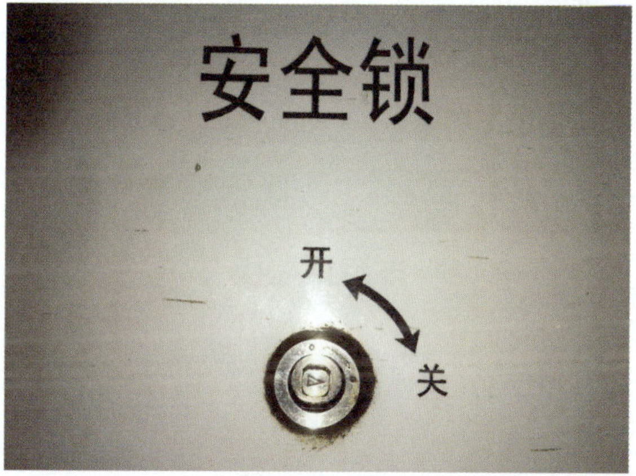

裙板安全锁

排污口盖板

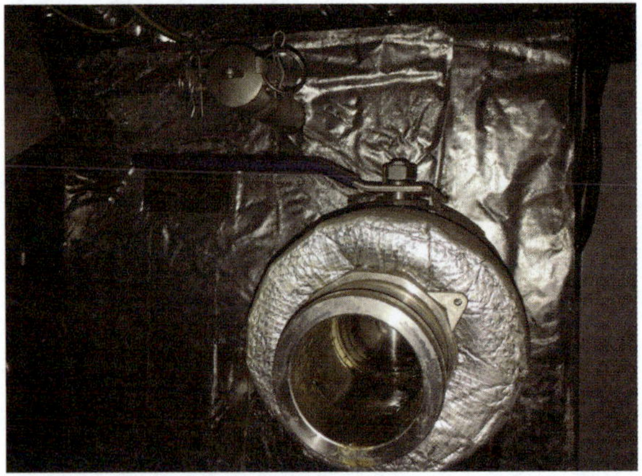

排污口

注水口盖板

注水口

转向架排障器

自动过分相感应器

ATP 传感器

高度调整组件

主排障器

接地碳刷盖

动车制动轮盘

拖车制动轴盘

制动缸

制动夹钳

轴箱前端盖

轴箱弹簧

定位转臂

带 WSP 速度传感器端盖

齿轮箱油位观察窗

齿轮箱

齿轮箱温度贴片

齿轮箱注油堵

齿轮箱拉杆衬套

防掉板

牵引电机

电机风道

联轴节

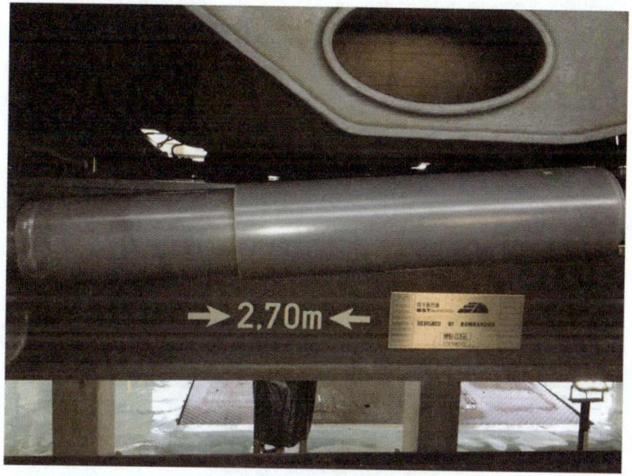

抗蛇行减振器

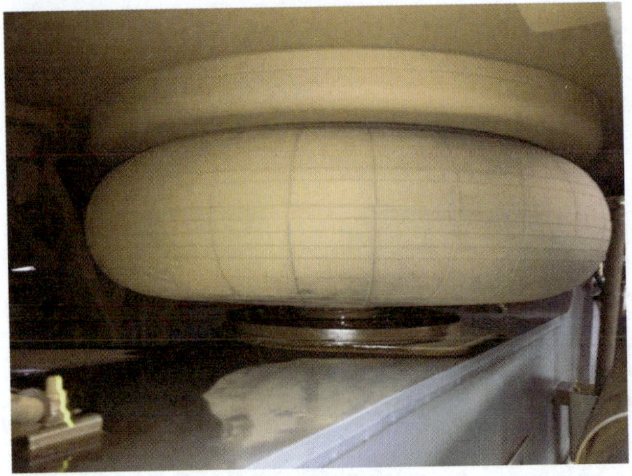

空气弹簧

牵引拉杆

内风挡

雨刮器